# 07 月

JULY

# 06 JUNE

## 30

月

日

자신의 한계를 깨닫는 것이나
한계에 무릎을 꿇는 경험은
결코 헛되지 않습니다.

《미안해, 잘해 볼게!》

# 07 JULY

# 01

月

日

하나님의 위대하심을 보십시오.
우리와 사랑을 나누길 원하시는 이의
관용과 능력과 진정성을 보십시오.

《박윤선의 다시 보는 사사기》

# 06 JUNE

月

# 29

日

우리의 정체성은
하나님의 통치와 사랑 속에 있는
하나님의 백성입니다.

《박영선의 누가복음1》

# 07 JULY

月

# 02

日

믿음은 하나님을 닮는 것입니다.

《믿음의 보감》

# 06 JUNE

月

# 28

日

하나님이 갖고 계신 뜻 중
가장 깊고 귀하고 놀라운 것을
교회를 통해 나타내신다고 합니다.

《교회로 모이다》

# 07 JULY

月

# 03

日

그리스도와 비교할 수 있는 것은 아무것도 없습니다.
아무리 잘난 것으로도 십자가를 대신할 수 없습니다.
또한 아무리 못난 것도 십자가로 감당 못 할 것은 없습니다.

《박윤선의 다시 보는 사무엘서》

# 06 JUNE

月

# 27

日

하나님이 우리에게 맡기신 일은
종교 행위가 아니라
믿지 않는 사람들과 다를 바 없는 인생을
다르게 사는 것입니다.

《구원 느 의혹》

# 07 JULY

月

# 04

日

기도는 하나님과 내가
어떤 관계인지를 기억하는
신앙 고백입니다.

《박영선의 기도》

하나님이 아브라함을 열심히 설득하셔서
아브라함 안에 자라나게 하신 것,
아브라함을 향한 하나님의 일하심의 결정체,
그것이 아브라함이 내보인 믿음입니다.

《하나님의 열심》

주께서 우리를 위해 성육신하셨듯이,
시궁창까지 내려오셨듯이,
십자가를 지셨듯이
우리도 내려가야 합니다.

《박윤선의 다시 보는 요한복음》

**06** JUNE

**25**

月

日

예수를 믿는다는 것은
하나님과 하나가 되는 것입니다.

《기독교란 무엇인가》

# 07 JULY

月

# 06

日

성화란 우리 본질의 깊은 데를 꿰뚫어
새롭게 하는 것입니다.
하나님을 외면하고 자기를 의지해
혼자 살려는 마음을 제거하는 싸움입니다.

《성화의 신비》

# 06 **JUNE**

月

# 24

日

매일 이웃을 향한 하나님의 손길로 서 있으십시오.

모든 경우와 정황 속에서 믿음을 발휘하십시오.

《박윤선의 다시 보는 서머 룬 마서》

# 07 JULY

# 07

月

日

예수를 믿는다는 것은
예수께서 우리를 죄에서 구원했을 뿐 아니라
우리를 당신과 묶었다는 것입니다.
우리가 하나님을 외면하고 그 뜻을 배신했을 때도
예수는 우리와 함께 계신다는 것입니다.

《박영선의 다시 보는 °사도행전》

# 06 JUNE

月

# 23

日

하나님은 당신의 영광을 증명하는 최고의 방법으로
십자가의 길을 택하셨습니다.

《박영선의 다시 보는 히브리서》

은혜는 은혜 자체가 목적이 아닙니다.

은혜를 통해 자유와 책임을 지는 성숙의 자리로 나아가는 것이

은혜의 목적입니다.

《신앙의 요점》

# 06 JUNE

月

# 22

日

죄란 하나님 없이 살 수 있다고 생각하는 것입니다.
하나님 이외의 것으로도 충분하다고 믿는 생각입니다.

《박영선의 로마서 설교》

모든 신자는

예수 그리스도를 근거와 내용과 이유로 해서

세워지는 존재입니다.

따뜻한 사람이 되자.

피와 눈물이 흐르는 사람이 되자.

여유를 가지고 자기 위치에 돌아와서

사람답게 살자.

《흔들어 보기도 하고 거꾸로 쏟아 보기도 하고》

기독교에서 우리가 믿는 원칙은
하나님은 창조주이자 섭리자이며
구원의 주이고 심판의 주라는 것과
정의롭고 자비롭고 긍휼을 베푸시는
전능자라는 것입니다.

《씨 뿌리는 비유》

민음이란 구원의 결과로서

그다음 단계로 가는 데 원인이 되는 것이지

구원을 이루어 내는 조건이 아닙니다.

《우리가 오해한 복음》

믿음으로 산다는 말, 얼마나 좋습니까?

원칙으로 산다, 이해관계로 산다는 말과는 비교할 수 없습니다.

하나님은 우리에게 믿음을 요구하신다고 합니다.

너무나 고마운 일입니다.

《박영선의 묵기 설교》

# 06 JUNE

月

# 19

日

우리는 신앙이란 만사형통하게 하는 것이고

승승장구하게 하는 것이라고 기대합니다.

그러나 하나님의 인도하심은

우리를 더 깊이 생각하는 자리로 데려갑니다.

《주의 말씀에 돌아오라》

하나님이 예수에게 십자가를 지게 하여

구원을 이루신 것처럼

우리의 오해, 반발, 절망, 간절함 같은 것을 시간 속에 담아

우리를 빚어 가기를 기뻐한다고 말씀하십니다.

《오늘》

# 06 JUNE

月

# 18

日

우리는 각자의 인생 속에서
각각의 특수한 조건 속에 담기는
하나님의 무한을 배웁니다.

《성안》

우리가 실패한 그 자리가

하나님이 은혜를 담는 자리가 될 것입니다.

《인생》

# 06 JUNE

月

# 17

日

하나님이 은혜를 담고자 하시면
어디에나 담으실 수 있습니다.
대표적인 것이 십자가입니다.

《높은》

# 07 JULY

月

# 14

日

하나님만이

나라는 존재와 인생의 유일한 해결이고 정답이므로

하나님 외에 다른 데서는

대안을 구할 수 없습니다.

《주의 말씀에 돌라써요》

욥은 누구에게서도 답을 찾을 수 없어
하나님에게 갑니다.
맹렬하게 갈 수밖에 없습니다.
답을 얻을 때까지 갈 수밖에 없습니다.
'죽음을 무릅쓰고' 말입니다.

《박윤선의 용기 설교》

# 07 JULY

月

# 15

日

하나님이 어떤 분이신지
그분의 성품에 대해 더 알아 가야 합니다.
이것이 신자를 성숙하게 하고
높은 수준에 이르게 하고
하나님을 더욱더 사랑하게 하며
신앙생활의 재미를 맛보게 할 것입니다.

《나무가 물을 붓고》

하나님은 창조를 해 놓고 나서
방관하고 계시는 분이 아닙니다.
계속해서 창조하시는 분입니다.

《씨 뿌리는 마음》

# 07
JULY

月

# 16

日

똑똑한 사람이 되려고만 하지 말고
사람답게 살기로 하자.
인간답게 살자!

《흔들어 보기도 하고
거꾸로 숳어 보기도 하고》

교회는

그리스도께서 당신의 몸으로 부르신 존재입니다.

《박영선의 다시 보는 사도행전》

은혜는 결단코 방임을 허락하지 않습니다.

은혜가 우리에게 요구하는 것은 책임입니다.

《박영선의 훈세아 설교》

# 06 JUNE

月

# 13

日

창조는 지금도 계속되고 있습니다.

우리가 태어난 것이 창조이고

우리가 예수를 믿게 된 것이 부활입니다.

《신앙의 요청》

순종이란

하나님이 원하시는 컨텍스트에

자신을 본문으로 채우는 것입니다.

《박영선의 다시 보는 히브리서》

예수께서 그리하셨던 것처럼
고달픈 인생을 사는 것이
신자의 현실입니다.

。

《박영선의 누가복음 2》。

# 07

月

# 19

日

하나님은 당신의 계획을
절대 포기하지 않으십니다.
십자가가 그것을 증언합니다.

《기독교란 무엇인가》

성화는 점진적인 것이기 때문에 노력해야 합니다.

그 과정에는 실패도 있고 절망도 있고 갈등도 있고

회의도 있고 좌절도 있습니다.

그러나 하나님과 우리의 관계는

예수 그리스도 안에서 이미 완벽하게 확보되어 있어서

취소되거나 변개되지 않습니다.

《성화의 신비》

# 07 JULY

月

# 20

日

성경에 소개된 성령의 열매는
다 성품에 관한 것입니다.
이런 열매는
우리가 나쁜 조건에 있을 때
더 잘 맺을 수 있습니다.

《박영선의 다시 보는 로마서》

# 06 JUNE

月

# 10

日

고난이 영광이라고 합니다.
하나님은 이 세상이 겁내는
고난, 슬픔, 아픔, 절망, 죽음 앞에
우리를 세워 사용하십니다.

《박영선의 다시 보는 요한복음》

# 07

## 21

月

日

우리를 가장 깊이 좌절하게 한
실패와 수치의 자리야말로
복이 시작되는 자리입니다.

《나니아 연대기》

# 06 JUNE

月

# 09

日

기도 응답은 우리의 요구에 대한 결재가 아닙니다.

하나님이 듣고 계신다는 표시입니다.

《박요한의 기도》

성령을 따라 사는지는

우리가 하는 일로 어떤 열매가 맺히는지를 보고

확인할 수 있습니다.

《구원 그 이후》

# 06 **JUNE**

月

# 08

日

아무것도 아닌 자리가
하나님이 나를 보내신 자리라는 것을,
하나님이 그 아들을 보내신
조건이며 정황이며 방법이라는 사실을
인정해야 합니다.

《우물에서 다시 보는 사람들의 땅》

.

# 07 JULY

月

# 23

日

하나님의 백성다운 정체성을 드러내는 최고의 덕목은
사랑이라고 성경은 말합니다.

《교회로 모이다》

# 06 JUNE

月

# 07

日

하나님은 구체적 시간과 장소에서 이루어지는
특정한 공동체 곧 교회를 통하여
당신의 뜻을 이루기를 기뻐하십니다.

《교회론 모이다》

# 07 JULY

月

# 24

日

넉넉하게 사십시오.

하나님이 각자의 인생에 무엇을 담으시는지

자신의 얼굴에 명예와 자랑스러움으로 나타내십시오.

《박웅현의 다시 보는 사사기》

공포에 지지 말고
성령의 열매를 맺으십시오.
이것을 위해서 하나님이
자유를 주시고 시간을 주셨습니다.

《박웅석의 다시 보는 사사기》

죽어서 천국 가는 것보다 더 중요한
지금 살아 있을 때 누려야 하고 책임져야 할
각자의 고유한 자리가 있습니다.

《미안해, 잘해 줄게!》

# 06 JUNE

月

# 05

日

하나님이 모든 사람에게

은혜를 담을 수 있다고 믿어야 합니다.

《미안해, 결혜 볼게!》

# 07 JULY

月

# 26

日

모든 성도는

구원받는 그 순간부터

예수 그리스도와 묶여 있습니다.

《박영선의 누가복음1》

# 06

JUNE

月

# 04

日

하나님의 나라는
가난한 자들의 것이며
우는 자들의 것입니다.

《박요섭의 누가복음1》

# 07 <sup>JULY</sup>

**月**

# 27

**日**

믿음은 이웃 사랑으로 드러나야 합니다.

《믿음의 눈길》

# 06 JUNE

月

# 03

日

믿음은 하나님이 먼저 찾아오시고

당신을 설명해 주셔야 시작된다는 점에서

전적으로 은혜입니다.

《믿음의 본질》

십자가는 모든 것을 희생하는 억울한 자리에서

하나님이 우리를 위하여 수모를 감수하고 만 정도가 아니라

수치와 죽음이 그를 누를 수 없었다는 것을 보이는 자리입니다.

《 박영선의 다시 보는 사무엘서 》

# 06 JUNE

月

# 02

日

신자답게 사십시오.

그렇게 살기 위하여 구원 얻었습니다.

《구원 그 이후》

모든 성도의 삶의 현장은
끊임없는 기도가 요청되는 자리입니다.

《박윤선의 기도》

지금껏 하나님은 우리를 설득해 오셨고

지금도 여전히 설득하고 계십니다.

하나님에게 설복되는 만큼

우리의 믿음도 성장합니다.

《왕 나 되의 신》

# 07 JULY

月

# 30

日

하나님은 이미 나를 사랑하셨기 때문에 찾아오신 것이지
사랑을 실천하려고 찾아오신 것이 아닙니다.

《부용산의 다시 보는 요한복음》

# 06月

JUNE

구원을 얻었다는 것은
그리스도 안에서 하나님의 은혜 아래 있다는 말입니다.

《영화의 산책》

# 05 MAY

月

# 31

日

하나님은 우리와 당신을 분리하지 않으십니다.

《기독교란 무엇인가》

# 08 月

AUGUST

우리의 운명에 대해

고통 없는 현실로 보상해 달라고 요구하지 말고

이해할 수 없는 어려움과 고통이

우리에게 유익하다는 것을 깨닫기 바랍니다.

《박윤선의 다시 보는 히브리서》

# 08

# 01

月

日

하나님이 하시는 일은
보이는 것보다 더 큰 영역에서
장차 이루어집니다.

《박영선의 다시 보는 사도행전》

# 05 MAY

月

# 29

日

자기 인생을 사십시오.

위대하게 사십시오.

사사롭고 조그마한 것에 붙잡혀서

밤낮 후회하고 성질부리고 원망하는

그런 삶을 살지 마십시오.

《법연산의 다시 보는 톨무서》

# 08 AUGUST

月

# 02

日

기독교 신앙에는

논리로 설명할 수 없는 진실과 기적이 있습니다.

그 일은 예수의 성육신을 통해 가장 잘 표현됩니다.

《산앙의 요정》

# 05 **MAY**

# 28

月

日

성경에서 말하는 성결이란

하나님을 기뻐하고

하나님만으로 만족하는 것을 의미합니다.

《박윤선의 호세아 설교》

# 08 AUGUST

月

# 03

日

예수는 하나님의 초월적인 능력과
자비와 은혜와 성실의 증거입니다.

《박영선의 누가복음 2》

# 05 MAY

月

# 27

日

하나님의 사랑은 우리를 만족하게 합니다.

그 넘치는 사랑이 있기에

우리는 더 받을 것이 없습니다.

《흘들어 보기도 하고 거꾸로 쏟아 보기도 하고》

하나님이 우리에게 당신이라는 무대 안에서

마음껏 공연하도록 하시는데

그것이 바로 우리 인생입니다.

《씨 뿌리는 마음》

사람은 처음부터 믿음의 사람으로 태어나는 것이 아니라

하나님 안에서 믿음의 사람으로 자라 갑니다.

《하나님의 은혜》

하나님이 누구신지가 고난 속에서 밝혀집니다.

우리는 고난을 싫어하지만

고난으로 들어가지 않고는 단련되지 않습니다.

《박윤선의 용기 설교》

# 05 MAY

月

# 25

日

하나님의 부재도 하나님의 임재였습니다.

《주의 말씀에 들라싸요》

하나님은 우리의 실패를 가지고서도 일하십니다.

실패란 분명 잘못이지만

이것으로 하나님의 뜻을 꺾을 수는 없습니다.

《묵상》

부활은 최악으로 간 것을 뒤집어
최선으로 간 것보다 더 나아간 것입니다.
그것이 십자가의 신비입니다.

《약함》

우리는 더 나은 믿음으로
한 걸음씩 나아가는 것이지
단번에 추호도 흔들림 없는 완벽한 믿음을
가질 수는 없습니다.

《말》

# 05 **MAY**

月

# 23

日

하나님의 은혜가 담기지 않는다면
인생의 성공은 무의미합니다.

《잠언》

# 08

月

# 08

日

매일매일 기도 제목이 바뀔 수밖에 없습니다.

우리의 믿음이 진전하고 있기 때문입니다.

《하나님의 법칙》

기다려 주는 것이 사랑이라고 성경은 이야기합니다.

사랑은 오랜 고통입니다.

《박웅현의 용기 설교》

하나님만이 인간을 인간답게 하실 수 있습니다.

《주의 말씀에 둘러싸여》

**05** MAY

**21**

月

日

신자 된 우리의 인생에서
가장 필요한 것은
이미 주어져 있습니다.

《박영선의 누가복음 2》

하나님의 일하심의 신비는 더 지켜보아야 알 수 있습니다.

지금 보이는 것은 세상이 거짓말하고 유혹하는 것뿐이지만

그 속에서 하나님이 무엇을 하고 계시는지

오랜 시간이 지나고 나면 하나씩 하나씩 보이게 됩니다.

《흔들어 보기도 하고 거꾸로 쏟아 보기도 하고》

# 05 MAY

月

# 20

日

성경은 나라는 존재의 가치가 분명히 있고
하나님이 나에게 목적을 두고 기대하신다고
내내 강조합니다.

《씨 뿌리는 마음》

삶의 어느 정황에서든
우리에게 가장 크게 영향을 미치는 것은
하나님에 대한 지식이어야 합니다.

《박영선의 출애굽 설교》

# 05 MAY

月

# 19

日

예수님의 정체성과 가치는

우리를 위하여 죽으시는 사랑에 있습니다.

《박영선의 다시 보는 사도행전》

# 08

月

# 12

日

하나님은 우리를 신적 경지로 부르고 있습니다.

《박윤선의 다시 보는 히브리서》

# 05 MAY

月

# 18

日

고난과 갈등과 절망은
성숙한 자리로 가지 못하게 우리를 가로막고 있는 벽을
넘게 해 주는 도구입니다.

《신앙의 요청》

# 08 AUGUST

月

# 13

日

인생의 모든 막막한 자리는
하나님이 우리를 당신 곁으로 당기는 자리입니다.

《박영선의 다시 보는 로마서》

# 05 MAY

月

# 17

日

구원은 처음부터 끝까지
오직 하나님만이 원인이고 이유인
은혜와 사랑에서 비롯합니다.

《성화의 신비》

신앙생활이란

신앙을 한번 가지면

그것으로 모든 답이 주어지는 특권을 누리는 것이 아니라

자라나야 하는 것입니다.

《기독교란 무엇인가》

영생은

생명이 끝없이 보존되고 연장된다는 의미가 아닙니다.

생명이 자라고 아름다운 꽃을 피우고

풍성한 열매를 맺는 것이 영생입니다.

《부활의 소리 다시 한번 외쳐봅니다》

# 08 AUGUST

## 月

# 15

## 日

우리는 어느 날 믿게 된 사람들입니다.

하나님 앞에 초대받아

문득 천국에 들어와 있는 것입니다.

《천국이 도둑맞았다》

# 05 MAY

月

# 15

日

기도는 응답되기 때문에 하는 것이 아닙니다.
기도는 하나님이 온 천하 만민의 인생과
온 우주의 경륜을 쥐고 계신 주권자임에 대한
항복을 표현하는 것입니다.

《박영선의 기도》

# 08

月

# 16

日

우리 앞에 주어진 삶이 종교적이기를 바라지 말고

어떤 상황과 현실에 놓여도

하나님의 사람답게 살기로 결심하길 바랍니다.

《구원 ㄱ 이후》

# 05 MAY

月

# 14

日

반복되는 절망과 체념으로 자신을 밀지 말고
과거를 만회하는 일로 세월을 보내지 말고
우리의 실패가 우리를
한 걸음씩 더 나아가게 해야 합니다.

《서울에서 다시 보는 사무엘 베케트》

# 08 AUGUST

月

# 17

日

제일 중요한 계명은

하나님을 사랑하는 것인데

이 사랑은 이웃에 대한 사랑을 통해 드러납니다.

《교회를 모으다》

**05** MAY

月

**13**

日

하나님이 우리에게 찾아오셔서
당신을 나타내셔야
믿음이 시작됩니다.

《믿음의 보검》

# 08 AUGUST

月

# 18

日

예수 안에서만

생명과 진리와 영생과 영광과 승리를 가집니다.

《박윤선의 누가복음1》

하나님은 당신을 거부할 수 있는 선택권까지
우리에게 주십니다.
우리의 자유로운 결정으로
하나님을 사랑하기를 원하시기 때문입니다.

《박영선의 다시 보는 사사기》

창조의 일은 이어지십니다.

그 너 하나님은 동민코 만들고 제지나는 정이

하나님이 입어 진체를 운영해서

예수님이 하나님의 임음을

08 **AUGUST**

**19** 日

月

# 05 **MAY**

月

# 11

日

하나님은 모든 것을 감수하여
불가능한 영역을 뚫고 넘어오시기까지
우리를 사랑하십니다.

《미안해, 갚해 줄게!》

성경에 기록된 하나님의 자기 증언을 보십시오.

기다리시는 하나님과

그의 놀라운 은혜와 신실한 약속을 보십시오.

《박윤선의 다시 보는 사사기》

# 05 <sup>MAY</sup>

月

# 10

日

성경은 하나님의 거룩한 백성을 함께 묶어
'교회'라는 이름으로 부릅니다.

《교회로 모이다》

# 08 AUGUST

# 21

月

日

좋은 신앙은
자신을 증명하려고 하지 않습니다.

《믿음의 글들》

# 05 MAY

月

# 09

日

기도할 수 있다면

우리 인생은 겁날 것이 없습니다.

《박윤선의 누가복음1》

순종이란

진심을 바치는 것이 아니라

책임을 따르는 것입니다.

《박영선의 다시 보는 사무엘서》

# 05 <sup>MAY</sup>

月

# 08

日

하나님이 요구하시는 신앙이 무엇인지
매일 확인해야 합니다.

《구원 그 이후》

하나님이 우리에게 응답하지 않는 일은 없습니다.

우리는 하나님이 기억하고 있는 존재입니다.

《새벽 영성의 기도》

# 05 **MAY**

月

# 07

日

우리의 희망은

성숙한 신앙을 향해 차근차근 한 단계씩 올라가는

성실함에 있습니다.

《하나님의 음성》

하나님은 죽음을 없애는 것으로 끝내지 않으셨습니다.
하나님은 죽음에 동참하시고 우리로 죽음을 겪게 하셨으나
그 죽음이 끝이 되지 않게 하셨습니다.

《박영선의 다시 보는 요한복음》

# 05 MAY

月

# 06

日

기독교는 우리의 상상을 뛰어넘는 설명으로 가득 차 있습니다.

《기독교란 무엇인가》

# 08 AUGUST

# 25

月

日

구원의 목표는
우리가 하나님의 영광의 찬송이 되는 것입니다.

《영광의 신비》

# 05 MAY

月

하나님은 인류를 구원하기 위해

어떤 법칙을 쓰지 않으시고

실제 역사 속에 직접 뛰어들어 오셨습니다.

《박영선의 다시 보는 로마서》

# 08 AUGUST

月

# 26

日

우리 눈에 거북하고 당혹스러워 보이는 일도
하나님이 일하시는 방법이라고 합니다.

《박영선의 다시 보는 사도행전》

사랑이 좋을해지는 일이

기억 속 여행들 중 가장 신혜입니다.

그리고 사랑합니다.

05 月 MAY

04 日

예수를 믿는다는 것은
하나님께 불가능한 일에 자신을 던지는 것이며
거기 정착하는 것입니다.

# 05 <sup>MAY</sup>

月

# 03

日

교회는 무한히 용서받는 곳,

오직 하나님 앞에 서서

그 은혜를 입는 곳이어야 합니다.

《주의 말씀에 돌라싸여》

하나님은 우리를

큰 영향력이나 높은 지위를 갖도록 부르지 않고

섬기는 자로 부르십니다.

《박영선의 누가복음 2》

# 05 MAY

月

# 02

日

하나님만이 사랑의 창조자입니다.

그는 사랑 그 자체이십니다.

하나님 없이는 나무도 꽃도 새도 있을 수 없듯이

사랑 역시 하나님 없이는 존재할 수 없습니다.

《흔들어 보기도 하고 거꾸로 쏟아 보기도 하고》

# 08 AUGUST

## 29

月

日

예수를 믿으면
하나님이 창조하신 목적대로
점점 자라나야 합니다.

《씨 뿌리는 마음》

신앙이란

내가 나를 설득하는 것이 아니며

내가 하나님을 설득하는 것도 아닙니다.

신앙은 하나님이 나를 설복하시는 것입니다.

《화나님의 정품》

# 08 AUGUST

月

# 30

日

하나님이 우리에게 고난을 주시는 것은

죽음을 넘어선 가치로

우리를 부르고 있다는 증거입니다.

죽음이 더 쉽고 고통이 더 어렵습니다.

《복음산의 옮기 설교》

# 05 月

MAY

하나님이 우리의 이해관계, 우리의 납득, 우리가 아는 방법보다
더 크신 분이 아니라면 하나님이실 수 없습니다.

《우울》

# 04 APRIL

月

# 30

日

하나님을 두려워해야 할 까닭은

그가 우리를 포기하지 않으실 뿐만 아니라

우리와 타협하지도 않으시기 때문입니다.

《박영선의 호세아 설교》

# 09 月

SEPTEMBER

하나님은 우리가 묶인 자리에서,

우리에게 일어나는 모든 어려움 속에서 일하십니다.

〈잠언〉

# 09
SEPTEMBER

月

# 01

日

믿음의 길은 구체적인 시간 속에서 걸어가는 것입니다.

우리는 언제나 이보다 나은 길,

다른 방법은 없는가 하고 묻지만

하나님은 이 길이 최선이라고 하십니다.

《욥기》

하나님은 우리 각각을

그 하나가 유일한 존재인 것처럼 사랑하십니다.

이것을 놓치면 인생은 답이 없습니다.

《주의 말씀에 돌라 와요》

# 04 **APRIL**

月

# 27

日

하나님이
우리가 불평하는 고난과 의심과 불안과 막막함의 주인이라면,
우리에게 주신 고난이 하나님이 붙잡고 계시는 증거라면,
우리는 겁날 것이 없습니다.

《박요섭의 용기 설교》

# 09
**SEPTEMBER**

月

# 03

日

기독교인은 환난을 기뻐하는 것이 아니라
환난 중에도 기뻐하는 것입니다.

《하나님의 설계》

예수를 믿는 자는

자기가 쌓은 벽을 허물면 허물수록

더 큰 신자의 세계를 경험하게 될 것입니다.

《씨 뿌리는 마음》

# 09

月

# 04

日

하나님의 사랑은 막힘이 없습니다.

《흘들어 보기도 하고
거꾸로 쏟아 보기도 하고》

# 04 APRIL

月

# 25

日

현실이란 하나님이 요구하시는 것이 무엇인지 깨달아
우리가 하나님과 사랑과 믿음을 나누는 관계를 맺으며
그런 신분과 실력을 가지게 되는 자리입니다.

《기독교란 무엇인가》

# 09

# 05

月

日

하나님이 시간 속에서 일하신다는 것은
하나님이 우리를 사랑하셔서
당신의 일을 신적 넓이와 깊이를 가지고
우리에게 차근차근 쌓아서 넘치게 하신다는 뜻입니다.

《박영선의 호세아 설교》

# 04 APRIL

月

# 24

日

하나님은 계속해서 우리를
막막한 인생으로 이끌고 계십니다.
시간의 가치와 과정의 의미를
알아야 하는 이유입니다.

《신앙의 요청》

# 09 SEPTEMBER

月

# 06

日

십자가를 지나 하늘 보좌 우편에 앉으신 예수가
오늘도 우리의 삶을 지키고 계십니다.
그러니 믿음으로 사십시오.
우리가 겪는 고난 속에 영광이 담겨 있습니다.

《박영선의 다시 보는 히브리서》

《박영선의 다시 보는 사도행전》

예수는 승천에 앞에 조각난 것이 아니고

인격적인 현존재의 인격

계몽되고 진정되게 형상화되고 이야기됩니다.

月

日

# 04 APRIL

# 23

인생은 짧습니다.
사랑 한번 제대로 못 해 보고
원망만 하다가 일흔이 됩니다.
그렇게 살면 안 됩니다.
지금이라도 늦지 않았으니 웃으십시오.

《박웅서의 다시 보는 토무서》

하나님의 약속과 은혜와 신실하심으로

우리가 그리스도와 연합을 이룬 이상

우리의 구원이 취소되거나 낭패를 보는 일은 없습니다.

《성화의 신비》

'예수를 믿으면'이라는 말은

신자의 자격이나 조건을

강조하기 위해서 쓰는 말이 아니라

관계적 차원에서 이해해야 하는 말입니다.

《기독교란 무엇인가》

# 04 APRIL

月

# 21

日

우리의 운명은 하나님에게 달려 있습니다.

그러니 걱정하지 마십시오.

《바울로서가 다시 보는 복음편지》

야곱의 생애는 고단합니다.
그러나 복됩니다.
야곱은 자신이 뿌린 씨의 결과를
그가 아직 돌이킬 수 있을 때
마주하기 때문입니다.

《하나님의 용서》

# 04 APRIL

月

# 20

日

우리를 향한 하나님의 안타까움이나 의지가
없어지거나 약해져서 우리가 외면받는 일은 없다고
성경은 선언합니다.

《박영선의 기도》

신자의 성장에 꼭 필요한 요소는

감사하는 마음입니다.

《구월 그 이후》

기득권을 해결할 가장할 중 정이이겁니다.

골덩이이어서 엉덩니지 생이이엽으로

겁공된 것이 없으면

月

19

日

사람은 관계 속에서 이루어집니다.

맞닿아 부딪혀 아파도

사람은 혼자 살고, 동생성하며 성장하고

상처받은 경계마저 끌어안는 것입니다.

月

## 09 SEPTEMBER

日

## 11

# 04 APRIL

月

# 18

日

믿음은 인격과 인격 사이에서만 존재합니다.

《믿음의 보건》

예수를 믿는다는 것은

예수가 누구이며 예수를 따른다는 것이 무슨 뜻인가를

성경이 제시하는 대로 순종한다는 것입니다.

《박영선의 누가복음 1》

현대사회 속에서

우리가 맞닥뜨리게 되는 질문은 이것입니다.

'어떻게 이 사회 속에서 기독교 신앙이 약속하는

참다운 인간상을 증거할 것인가?'

《우리와 우리 자손들》

일이 뜻대로 되지 않을 때
죽어 버리는 것은 최선이 아닙니다.
살아 있는 것이 더 힘들지만
그래도 살아야 합니다.
하나님이 자살만도 못한 것 같은 인생을 왜 요구하시는지
끝을 보겠다는 마음을 갖는 게 믿음입니다.

《미안해, 잘해 볼게!》

# 04 APRIL

月

# 16

日

기독교를 대표하는 단어는 사랑입니다.

《박영선의 누가복음 2》

예수를 죽인 우리를 구원하기 위하여
우리 손에 죽은 예수가 다시 살아나
우리를 찾아오셨습니다.

《박영선의 다시 보는 사사기》

# 04 APRIL

月

# 15

日

신앙이란

우리의 치열함이나 진지함이나 간절함이 아니라

하나님이 우리를 받아 주시는 분이라는 사실에

우리가 항복하는 것입니다.

《박영선의 누가복음 1》

月

日

좋은 믿음은
하나님의 성품을 닮아 가고
하나님을 기대하는 것입니다.

《믿음의 분깃》

# 04 APRIL

月

# 14

日

하나님에게 부름받은 사람은

언제나 구체적인 공동체 속에서

신앙을 꾸려 나가도록 요구받습니다.

《교회로 모이다》

은혜란

하나님이 우리를 당신이 원하는 사람으로

만들겠다는 의지입니다.

《박영선의 다시 보는 사무엘서》

하나님이 나에게 복을 주시면 감사한 것이고

어려움을 주시면 이 또한 감사한 것입니다.

이것이 주 앞에 살겠다고 결심하는 신자의 기본자세입니다.

《그 은밀한 터》

기도는 기술이나 수단이 아닙니다.
기도는 하나님 앞에 나아가는 것입니다.

《박영선의 기도》

# 04 APRIL

月

# 12

日

하나님이 설득해 오시는 만큼
우리는 자랍니다.
하나님과의 인격적 관계없이
홀로 성장하는 신자는 없습니다.

《하나님의 통신》

# 09

# 18

하나님은 아담에게

당신을 거부할 자유까지 허락하셨습니다.

《바울선의 다시 보는 요한복음》

月

日

하나님은 신자들의 생애 속에 찾아와

그들에게 약속하시고 도전하시고

때로는 그들과 씨름하시며

그들을 더 높은 경지로 이끌기 위해

개입하시는 하나님이심을 증언하십니다.

《기독교란 무엇인가》

# 09

# 19

月

日

하나님의 은혜는
우리의 성화를 목표로 삼고 있습니다.

《성화의 길》

# 04 APRIL

月

# 10

日

자신의 신앙을 가볍게 여기지 마십시오.

신앙을 내 선택, 내 결심, 내 분별의 산물이라고 생각하지 말고

하나님의 일하심이 얼마나 굉장한가를

늘 기억하십시오.

《박영선의 다시 보는 로마서》

# 09

# 20

하나님 없이 사는 인생이란

결국 행운과 불운의 혼합물 같습니다.

《박영선의 다시 보는 사도행전》

# 04 APRIL

月

# 09

日

우리가 받는 고난을
소극적 차원에서 보지 말고
하나님이 우리의 유익을 위하여 베푸신
최고의 지혜이자 권능이라고 이해해야 합니다.

《야곱의 하나님 누가 뭐라 하든지》

우리의 회개는

실패가 반복되고 자책이 이어지는 막막한 현실 속에서

잘못에 대한 죄책감을 감정적으로 지워 버리는

수단이어서는 안 됩니다.

《신앙의 요점》

# 04 APRIL

月

# 08

日

하나님을 떠나는 것은

무슨 핑계를 대더라도 결국 도망가겠다는 것밖에 안 됩니다.

이는 살아 계신 하나님을 제대로 알지 못하는 것입니다.

《박윤선의 호세아 설교》

우리는 하나님의 종이 되어

기꺼이 하나님의 뜻에 순종할 뿐만 아니라

예수를 몰라본 세상과 우리를 몰라보는 이웃들 앞에

섬기는 자로 보내지는 인생을 살게 되었습니다.

# 04 APRIL

月

# 07

日

하나님은 우리에게 항상 온전한 은사를 주십니다.

우리가 온전하지 못한 존재이기에

균형을 잡지 못해 비틀거리고 있을 뿐입니다.

《흔들어 보기도 하고 거꾸로 쏟아 보기도 하고》

각자의 인생 속에 주어진 경우와 정황이 있습니다.
내가 속한 나라와 문화와 시대와 전통 속에서
나에게 주어진 몫을 창조적으로 해내는 것,
이것이 신앙입니다.

《씨 뿌리는 마음》

하나님만이 언제나 신앙의 대상입니다.

신앙의 내용도 하나님뿐입니다.

그러므로 하나님이 어떤 분인지를 아는 것보다

더 중요한 일은 없습니다.

《왕나무의 꿈놀》

# 09

## 24

月

日

인생이 고단할 때

하나님이 외면하여 길을 잃은 것이라고 생각하지 마십시오.

하나님은 눈동자와 같이 우리를 돌보고 계십니다.

《박영선의 용기 설교》

우리가 예수를 믿는다는 이유로

믿지 않는 자들에 대해

어떤 마음을 갖고 사는지 돌아보십시오.

《주의 말씀에 둘러싸요》

신앙이 좋아지는 데에는
정말 많은 시간이 필요합니다.

《늦봄》

성경은 우리 인생에 일어나는 모든 일로

하나님이 당신의 영광을

우리에게 담고, 심고, 완성하신다고 합니다.

하나님은 우리에게 문제를 해결하라고

인생을 주신 것이 아닙니다.

우리를 철들게 하려고 인생을 주셨습니다.

《인생》

고민하고 실패하고 울고불고하는 과정을

겪게 하시는 이유는

나를 나답게 살게 하시려는 것입니다.

《욥기》

우리의 기쁨을 빼앗을 수 있는 것은 세상에 없습니다.

우리는 하나님의 자녀이기 때문입니다.

《주의 말씀에 둘러싸여》

# 04 APRIL

月

# 02

日

하나님의 신비와 부르심에 대한 항복,

자기 인생과 존재와 현실을 담아낼 마음의 용기,

이것이 바로 신앙입니다.

《박영선의 용기 설교》

# 09 SEPTEMBER

月

# 28

日

신앙은 불편할수록 더 자라납니다.

세상에서 충격과 고통을 받았을 때

변함없는 하나님의 약속을 붙잡음으로써

요동치는 마음에서 견고한 자세로 돌아오게 됩니다.

《하나님의 섭리》

신앙 인생에서 일어나는 실패나 후회나 낙심은

완성을 향해 나아가는 과정에서 생기는 미숙함입니다.

《씨 뿌리는 마음》

누구를 위해 기도하는 일은
그에게 가장 필요한 도움을 주는 일과
병행되어야 합니다.

《흘들어 보기도 하고
거꾸로 쏟아 보기도 하고》

# 04 月

**APRIL**

우리가 원하지 않고 선택하지 않고
해결할 수 없는 오늘을 살라고 하십니다.
거기서 하나님의 마음을 배우게 됩니다.

《박영선의 호세아 설교》

# 03

月

# 31

日

예수를 믿어서 세상의 보상을 받는 것이 아니라
예수님 자체가 우리에게 보상입니다.

《박영선의 누가복음 2》

# 10 月

OCTOBER

# 03 <sup>MARCH</sup>

月

# 30

日

시간을 초월하여 단번에 완성되는 신앙이란 없습니다.

《신앙의 요청》

# 10 OCTOBER

月

# 01

日

하나님이 도입한 재창조 곧 하나님의 개입하심으로
우리가 믿는 사람이 되었습니다.

《박영선의 다시 보는 히브리서》

자기 자리를 지켜 자기 인생을,

그 누구도 설명할 수 없는 아슬아슬한 인생을 사십시오.

포기하지 마십시오.

하나님이 일하고 계십니다.

《박영선의 다시 보는 사도행전》

모든 경우에서

각자의 실력으로 부딪쳐 살아 내십시오.

그리고 거기서 은혜를 받으십시오.

《박완서의 다시 보는 금무서》

우리가 복종하고 쓸 만해서

하나님이 우리를 사랑하시는 것이 아닙니다.

우리가 죄인이었을 때에 우리를 사랑하셔서

당신의 아들을 주신 것입니다.

《성화의 신비》

# 10 OCTOBER

月

# 03

日

하나님은 우리에게

더 큰 능력을 가져서 더 위대한 일을 하라고 하지 않으시고

지금 우리가 붙잡혀 있는 것 같고 마음에 불만이 가득한 조건에서

할 수 있는 일을 하라고 하십니다.

《기독교란 무엇인가》

月

예수를 믿는다는 말은
지금 우리가 사는 세상에
빛이, 생명이, 진리가, 약속이
들어왔다는 말입니다.

《박윤선의 다시 보는 요한복음》

하나님은 우리가 무엇을 얼마나 쥐고 사는지,

우리가 남한테 얼마나 극진한 대접을 받고 사는지에 대해

별 관심이 없으십니다.

하나님의 관심은

우리가 하나님을 얼마큼 아는가에 있습니다.

《흔들리는 믿음》

# 03

# 26

月

日

우리가 기도를 시작하기도 전에
하나님은 모든 것을 알고 계십니다.
그분은 우리의 절실함만큼이나 간절하게
우리의 기도를 듣고 계십니다.

《박영선의 기도》

# 10 OCTOBER

## 05

月

日

내가 시작하고 의도하고 계획한 방법으로는 도저히 갈 수 없고

내 능력과 본성으로도 갈 수 없는 곳을

하나님이 은혜로 이르게 하십니다.

《구원 그 이후》

# 03 MARCH

月

# 25

日

하나님이 은혜를 베푸시기에
우리 삶은 자폭으로 끝나지 않을 것입니다.

《서른밤의 다시 보는 사무엘상》

하나님을 사랑하는 일은
이웃을 사랑할 때 이루어집니다.

《다윗일기》

# 03 **MARCH**

月

# 24

日

믿음은

하나님의 신실한 성품을 아는 것입니다.

《믿음의 보검》

# 10 OCTOBER

月

# 07

日

하나님은 당신의 위대함을

무력이나 세력으로 드러내지 않으셨습니다.

《박영선의 누가복음1》

영생은 죽어서 얻는 것이 아닙니다.

지금부터 하나님의 사람으로 사는 것입니다.

현재의 삶에서 영생을 사는 것입니다.

《뜻밖의 만나는 다시 사사기》

# 10 OCTOBER

## 08

月

日

하나님은
우리가 이 정도면 된 것 같다고 만족하는 단계에
머물지 못하게 하십니다.

《미안해, 갚아 줄게!》

예수님은 세상을 구원하러 오신 메시아인데

십자가에서 죽어 버렸다는 역설에서

세상은 더 나아가지 못하고 턱 막혀 버립니다.

세상이 가진 기대를 깨고 넘어오지 않으면

기독교 신앙으로 들어올 수 없습니다.

《미안해, 절해 줄게!》

# 10 OCTOBER

月

# 09

日

위대하신 하나님이 사랑하시는 대상이 우리임을 알게 되고

그분이 주시는 생명과 진리를 갖게 되는 것,

그것이 진정한 자유입니다.

《박영선의 다시 보는 사사기》

우리는 관용, 용서, 감사, 평강으로 나누는 자입니다.

누구에게서 빼앗고 누구를 무너뜨려서

서는 자가 아닙니다.

우리는 가진 것이 넉넉하여

다른 이들과 공존할 수 있는 자입니다.

예수 안에서만 이것이 가능합니다.

《박영선의 누가복음1》

# 10 OCTOBER

月

# 10

日

우리가 있는 곳에 하나님이 함께하시며
우리는 늘 예수 그리스도를 믿는 사람으로 존재합니다.

《믿음의 보전》

# 03 MARCH

月

# 20

日

하나님의 백성은 혼자가 아니라

부름받은 사람들 속에 묶여

함께 있는 존재라는 정체성을 갖게 됩니다.

《교회로 모이다》

십자가는 절대 처절하지 않습니다.

예수의 권세가 그대로 펄펄 살아 있습니다.

십자가가 우주를 뚫고 하나님의 보좌에까지

펼쳐져 있는 것입니다.

《박윤선의 다시 보는 사무엘서》

신자의 삶이란

하나님이 원하시는 일이 있기에 주어진 자리입니다.

하나님이 원하시는 일을 위해 사는 것이

신자의 사명입니다.

《구원 그 이후》

기도의 궁극적 응답은

우리 당대에 모든 것이 완전히 해결되는 식으로는

주어지지 않습니다.

《바울서신의 기도》

# 03 MARCH

月

# 18

日

하나님과의 인격적 관계 속에서 경험하는 것이 아닌,

스스로 만들어 내놓는 결단이나 의지는 믿음이 아닙니다.

《하나님의 통치》

쉬운 것부터 하십시오.

먼저 인사하시고 반가워하십시오.

예의를 갖추십시오. 교양을 지키십시오.

그렇게 한 가지씩 하는 것입니다.

《박웅현의 다시 보는 오헨리문학》

하나님이 우리를 붙드시고 인도하시고 깨우치셔서

완성과 영광을 이루어 가신다는 것을 이해해야 합니다.

여기서 완성과 영광은

기능을 연마하거나 성공을 이루는 문제가 아니라

인간이라는 존재가 지닌 명예와

그로 인한 만족을 말하는 것입니다.

《기독교란 무엇인가》

月

日

믿음이 좋다는 것은
하나님과 나의 관계가
깊어졌다는 것을 말합니다.

《믿음의 신비》

신자는 우열을 나누고 타인의 허물을 지적하는 책임이 아니라

인간이라는 존재의 가치가 무엇이고

인간이 얼마나 아름다운가를

세상 앞에 보이는 책임을 지는 자입니다.

《박요섭의 다시 보는 로마서》

# 10 OCTOBER

月

# 15

日

몸으로 살아 내야 할 우리의 현실은 고단합니다.

그런데 성경은 그 고단한 인생을 살아 내라고 합니다.

《박영선의 다시 보는 사도행전》

인생에 고난이 있는 것은
하나님이 우리를
우리의 기대보다 더 높게
목적하고 계시기 때문입니다.

《박윤선의 다시 보는 히브리서》

인간 스스로는 도저히
하나님 앞에 순종하지 못하니까
하나님이 주도권을 갖고
우리 인생에 뛰어들어 오셨습니다.

《신앙의 요청》

하나님을 떠나는 것이야말로 최악의 죄입니다.

자기 잘못을 진정으로 인정한다면

하나님 앞에 한 번 더 나와야 합니다.

《박윤선의 호세아 설교》

# 10 OCTOBER

月

# 17

日

하나님은 최악의 조건 속에서도
최상의 결과를 만드십니다.

《박영선의 누가복음 2》

기도에 열심을 내야 하는 것은 맞지만
'열심'이 기도의 본질일 수는 없습니다.

《멈추어 서서의 기도》

# 10 OCTOBER

# 18

月

日

하나님은 우리를 조종하지 않으십니다.

우리 운명을 결정론에 맡겨 두지 않으셨습니다.

《씨 뿌리는 마음》

믿음을 갖고 회개하는 것 자체가

하나님이 이미 우리에게

구원을 허락하신 결과입니다.

하나님은 우리가 우리 자신을 생각하는 것보다

우리를 더 대접하시는 분입니다.

그렇지 않고서야 나 같은 것 때문에

하나님이 이렇게 긴 시간 동안

집요하게 싸우실 리 없습니다.

《박영선의 욥기 설교》

기독교 신앙이란

하나님이 처음이고, 마지막이고, 이유이고, 운명이고,

그러한 능력자이면서

우리를 사랑하시는 은혜의 아버지라는 사실에 근거합니다.

《주의 말씀에 들러싸여》

구원에서 십자가와 고난은
반드시 필요한 것으로
구원의 관건입니다.
기독교 신앙에서 이보다 더 귀한 것은 없습니다.

막연하고 답이 없으며

우리를 곤란하게 하고 두렵게 하는 그 어떤 일도

하나님의 손 밖에 있는 것은 없습니다.

《인생》

우리 자신을 하나님의 것으로 채우는 기쁨을
누리는 자리까지 나아가야 합니다.
이것이 신자의 명예입니다.

믿음이 가져오는 것은
확신보다는 의심입니다.
의심도 믿음에서 나옵니다.

《안녕》

하나님이 예수를 주셨다는 말이 지니는
깊고 놀라운 뜻을 아십니까.
누군가 나를 위해 자신의 자녀를 주었다면
그 사람을 놓을 수가 있겠습니까.

《주의 말씀에 돌라싸요》

인격적 성숙에 가장 필요한 것은 훈련입니다.

우리가 갖추어야 하는 덕목은

저절로 생기는 것이 아니기에

훈련이 필요합니다.

《박웅선의 용기 설교》

# 10 OCTOBER

月

# 23

日

우리에게 달라진 것이 있다면
하나님을 알게 된 것
하나밖에 없습니다.

《하나님의 성품》

# 03 MARCH

月

# 07

日

성경은
우리가 예수 안에 있어야
열매를 맺는다고 말씀합니다.

《씨 뿌리는 띠우》

# 10 OCTOBER

# 24

月

日

기독교인의 삶은

고난을 통해서 주어지는 하나님의 영광으로 유지됩니다.

《흔들어 보기도 하고
거꾸로 쏟아 보기도 하고》

기독교 신앙의 놀라움은

하나님이 우리를

거룩하심으로 초대하신다는 사실에 있습니다.

# 10 OCTOBER

月

# 25

日

답이 없는 현실에서 하나님의 사랑을 배우십시오.
원하지 않고 끌어안을 수 없고 진저리 나는 현실을
하나님의 사랑으로 껴안는 연습을 하십시오.

《박영선의 호세아 설교》

은혜는 우리의 최종 목적지가 아닙니다.

은혜는 우리를 책임으로 밀고 갑니다.

《신앙의 요청》

# 10 OCTOBER

# 26

月

日

우리의 현실에 하나님이
믿음이라는 방법으로 도전해 오십니다.

《박윤선의 다시 보는 하이델베르크》

# 03 MARCH

月

# 04

日

우리가 처한 자리는
하나님이 정하시고 붙드시고 요구하시는
십자가의 길입니다.

《박영선의 다시 보는 사도행전》

구약을 읽다가

밤하늘에 문득 떠오른 둥그런 달처럼 하나님을 만났습니다.

이스라엘의 장구한 역사와 흥망성쇠 속에 나타난

하나님의 성실하심을 보며

문득 하나님을 만난 것입니다.

《박영선의 다시 보는 로마서》

환난은 우리에게
그리스도의 필요성을 인식시킵니다.

《성화의 신비》

# 10 OCTOBER

## 28

月

日

진정한 만족을 얻기 위해서는
예수를 믿는 것 외에 다른 방법이 없습니다.

《기독교란 무엇인가》

# 03 MARCH

月

# 02

日

신이 우리에게

모욕을 당하고 저주를 받으며 우리 손에 죽는 방법이

부활을 만들어 내고 영광과 승리를 증언합니다.

《박성연의 다시 보는 오환투쟁가》

하나님이 사람을

평생 훈련하시고 연단하시는 목적은 무엇일까요?

바로 하나님이 누구신가를

알게 하는 데 있습니다.

《하나님의 일꾼》

산다는 것은
삶의 궁극적 목표를 향해 가는 이 길을
구부러뜨리지 않고자 부딪히면서 겪는
아픔과 슬픔을 감내하는 것입니다.
삶이란 가만히 앉아서 목표를 쳐다보는 것이 아니라
몸소 걸어가는 것이기 때문입니다.

《흔들어 보기도 하고
거꾸로 쏟아 보기도 하고》

**10**

月

**30**

日

어제의 승리는 어제의 것이고
오늘은 새날입니다.
오늘은 오늘로써 하나님 앞에 해야 할
신자의 싸움이 있습니다.

《줄음 그 이후》

# 03月

MARCH

# 10

# 31

月

日

우리는 더 이상 하나님 앞에
잘잘못으로 평가받거나 심판받는 존재가 아닙니다.
우리는 하나님의 사랑과 은혜의 통치 아래 있습니다.

《박영선의 누가복음 1》

우리에게 헛된 하루란 없습니다.

하나님은 하루도 쉬는 날이 없습니다.

매일 아침 해가 떠오르듯

매일 새로운 하루를 하나님이 여시고

우리와 동행하십니다.

《박영선의 다시 보는 사무엘서》

# 11月

NOVEMBER

믿음은

하나님을 아는 것이요,

하나님을 사랑하는 것입니다.

《믿음의 보석》

# 11 NOVEMBER

月

# 01

日

차이를 용납하는 것이
사랑의 시작입니다.

《교회로 모이다》

성경은 하나님을 문제 해결사로 소개하고 있지 않습니다.

하나님은 자비롭고 은혜롭고 노하기를 더디 하며

인자와 진실이 풍성하신 분으로 소개됩니다.

《하나님의 다시 부르심》

믿음은 은혜에서 시작하여 책임으로 완성됩니다.
책임은 조건이 아니라
결과이자 열매인 것입니다.

《미안해, 걸해 볼게!》

넓게 보면 모든 종교는

인류가 겪는 보편적 고난과

벗어날 수 없는 인간의 운명에 대하여

위로를 건네고 있습니다.

《미안해, 깔끔 볼게!》

복음이 은혜라고 해서
아무렇게나 살아도 되겠다고 생각하는 것은
너무나 비겁한 것입니다.
너무나 무례한 것입니다.

《박영선의 다시 보는 사사기》

사람이 잘난 것들로만 잘나게 되지 않고
못난 것들로도 훌륭해진다는 것은
참으로 하나님의 신비입니다.

《박영선의 누가복음1》

# 11

# 04

月

日

신앙이란
하루아침에 생기는 것이 아니고
매일 연습하고 훈련해야 하는 것입니다.

《믿음의 도전》

# 02

月

# 23

日

교회는 사랑의 삶을 통해
세상의 어둠을 밝히고
부패를 막는 존재가 되라고
부름받았습니다.

《교회로 모이다》

우리에게는 역사가
늘 무책임하고 말이 안 되고
비극이고 절망인 것처럼 보이지만
성경은 그렇지 않다고 합니다.
매일 하나님이 일하시는 역사가
깊고 푸른 역사입니다.

《박윤선의 다시 보는 사무엘서》

신자의 삶은

하나님이 이루실 일을 위한 배역으로 존재합니다.

《구원 그 이후》

기도는 내가 어떤 답을 미리 정한 채
하나님 앞에 나아가는 것이 아닙니다.
이해할 수 없는 처지에서도
하나님이 주인이신 것을
인정한다는 고백입니다.

《내 영혼의 기도》

믿음은 우리를 설득하시는 하나님의

넘치도록 은혜로운 사랑의 열심을 가리키는 말입니다.

그 설득에 녹아나지 않을 사람이 없습니다.

하나님은 우리를 그렇게 설득해 오십니다.

《하나님의 열심》

# 11

月

# 07

日

우리에게 있는 고난, 원망, 자책 같은 것들이
우리를 훈련합니다.
이를 아는 것이 믿음입니다.

《박윤선의 다시 보는 요한복음》

하나님은
마치 심사 위원처럼 우리와 거리를 둔 채
우리의 잘잘못에 따라
보상과 처벌을 하시는 분이 아닙니다.

《기독교란 무엇인가》

우리는 하나님을 혹 잊을지라도
하나님은 우리를 잊지 않으신다는 것을
기억하십시오.

《성화의 산책》

우리의 아슬아슬하고 조마조마한 일상,

바로 거기에서 하나님이 일하십니다.

그러니 자기 자리를 지키십시오.

《박요섭의 다시 보는 로마서》

# 11 NOVEMBER

月

## 09

日

우리가 당하는 현실이

우리 마음에 들지 않고

우리가 이해하지 못한다고 할지라도

결단코 하나님의 손을 떠나 있는 정황은 없습니다.

《박영선의 다시 보는 사도행전》

신이 자기를 경배하는 자들을 위하여 간구하다니요.

자기에게 경배하는 자들을 위하여 간구하는 신은

어디에도 없습니다.

기독교에만 있습니다.

《박윤선의 다시 보는 히브리서》

시간이 필요합니다.

그 속에서 시행착오를 계속 겪어 내야 합니다.

그렇게 차츰차츰 커 나가야 합니다.

자라나야 합니다.

《신의 요정》

하나님에게는 문제 해결이

최종 목표가 아닙니다.

하나님이 우리를 어떻게 사랑하시는지

하나님의 뜻이 우리의 소원과 어떻게 다른지

제발 알아 달라고 하시는 것입니다.

《박영선의 호세아 설교》

# 11

우리는 하루에도 여러 번
예수를 믿었다 말았다 합니다.
그러나 예수는 우리를
잡았다 놨다 하지 않으십니다.

《박영선의 누가복음 2》

산다는 것은
인생의 목표를 성취하는 자체에 의의가 있지 않습니다.
삶의 목표를 향해 걸음을 내디딜 때마다
나로 하여금 그 길에서 빗나가게 하고 타협하게 하는 현실과
당당히 맞서는 것에 인생의 가치가 있습니다.

《흔들어 보기도 하고
거꾸로 쏟아 보기도 하고》

# 11

# 12

月

日

잘하고 열심히 하는 것은
나를 위한 것입니다.
하나님이 그것을 어떻게 사용하실지
우리는 모릅니다.

《써 내려가는》

# 02 FEBRUARY

月

# 15

日

우리가 받은 구원의 원인은

그리스도, 언제나 그의 십자가뿐입니다.

《갈라디아서 강해》

# 11 NOVEMBER

月

# 13

日

기독교 신앙을 설명한다고
다 헤아릴 수 있겠습니까?
설명이 전부가 아닙니다.
그렇게 간단하지 않습니다.

《박윤선의 용기 설교》

# 02 FEBRUARY

月

# 14

日

하나님을 아는 지식이란
이해나 정보의 문제가 아닙니다.
하나님만이 시작이고 과정이고 운명이고 결국인
유일한 창조주임을 아는 것입니다.

《주의 말씀에 돌이켜요》

하나님이 하시는 일은 우리를 더 큰 데로
우리가 가진 생각과 소원보다 더 원대한 곳으로
이끈다는 것을 잊지 말아야 합니다.

《묵상》

환난은

하나님과의 화평,

하나님이 주실 영광을 바라는 즐거움과 마찬가지로

우리에게 주어진 현실입니다.

《엄마》

우리가 원하든 원하지 않든
하나님의 은혜와 성실한 일하심이
나날이 우리 안에 누적될 것입니다.

《인상》

하나님이 우리를 부르실 때에는
어떤 결과물이나 업적을 이루어 내는 데에
목적이 있지 않습니다.
예수 안에서 당신이 영광을 받으신 것처럼
우리 생애 역시 그렇게 사용하기를 원하십니다.

《우돈》

# 11
## NOVEMBER

月

# 16

日

신앙의 위대함이란
세상의 도전과 현실의 짐 앞에서
하나님의 사람으로 늠름하게 사는 것입니다.

《주의 말씀에 둘러싸여》

욥기에는 욥의 비명이 한참이나 계속됩니다.

그러니 우리도 그렇게 비명 지를 수 있습니다.

그 깊이로 들어가야

환난은 인내를, 인내는 연단을, 연단은 소망을 이룹니다.

《박영선의 욥기 설교》

# 11 NOVEMBER

월(月)

# 17

일(日)

믿음이란
나의 감동을 믿는 것이 아니라
하나님을 믿는 것입니다.

《바나바의 편지》

성화는
구원의 시작에서 완성으로 가는
긴 여정입니다.

《씨 뿌리는 미유》

하나님은 우리가 구원의 완성을 향해 갈 때

인생에 불어닥친 시련을 견디며

성숙하게 반응하기를 원하십니다.

《흔들어 보기도 하고 거꾸로 쏟아 보기도 하고》

형통한 날에는

깊은 생각을 하지 못하고

깊은 내용도 만들어 내지 못합니다.

《박영선의 누가복음 2》

자기 아들을 보내어

십자가에 못 박아야 하는 아버지의 분노와

그 분노를 넘어서는 사랑을 기억하십시오.

우리의 오늘이

하나님의 무시무시한 사랑에서 비롯한 줄 알고

감내하십시오.

《박영선의 호세아 설교》

은혜가 우리를 성삼위 하나님의 연합에 불러들였습니다.

그래서 우리에게는 취소될 수 없는 신분이 주어진 것입니다.

《신앙의 요점》

슬픈 날은 슬퍼하다 주무십시오.

내일이 오면 내일 다시 시작하십시오.

체념에 속지 마십시오.

《박웅현의 다시 보는 햄프리서》

기독교 신앙은

도에 관한 것도 아니고

소원에 관한 것도 아니고

치성과 진심에 관한 것도 아닙니다.

하나님의 의지에 관한 것입니다.

《박영선의 다시 보는 사도행전》

윤리나 도덕으로 하지 말고
사랑으로 하십시오.
사랑은 지는 것이며
상대를 위하여 기다려 주는 것이며
양보하는 것입니다.

《박완서의 다시 보는 토마서》

우리의 구원에 실패는 없습니다.

《성화의 신비》

교회는 무엇보다
하나님 나라의 통치, 하나님의 다스림이
드러나야 하는 곳임을
잊지 않아야 합니다.

《교회로 모이다》

# 02

月

# 05

日

우리 인생에서 벌어지는 고난과 장애는

하나님이 당신의 능력으로

우리에게 허락하신 과정입니다.

《박영선의 다시 보는 요한복음》

하나님을 믿는다고 하면서

아직도 인생이 자기 손에 달려 있다고 생각한다면

조만간 얍복나루에서 하나님이 걸어오시는 씨름을

마주해야 할 것입니다.

《하나님의 침묵》

깊이 기도한 사람일수록
하나님의 살아 계심과 그분이 내 안에 계심과
그분만이 언제나 내 필요를 채우시는 분인 줄
감격 속에 깨닫게 됩니다.

《박영선의 기도》

하나님은 우리가 약한 자리에서만
당신의 강함을 보이신다고 합니다.
가장 분명한 증거가 예수님입니다.

《구원 ᄂ 의홍》

인간이 다른 인간에 대하여

이해관계를 넘어선 자비와 긍휼과 관용을 베풀며

그의 편을 들어주는 것,

그것이 인간이 가지는 가장 큰 명예일 것입니다.

《박웅현의 다시 보는 사무엘서》

사랑은

모든 것을 믿고 바라고 견디는 것입니다.

하나님의 사랑이 그렇습니다.

《기독교란 무엇인가》

우리가 구원을 확신하는 것은
언제나 하나님의 신실하심과 영원하심
그리고 그러한 그분의 의지 때문입니다.

《믿음의 글들》

# 11

月

# 26

日

복음은
인간을 인간답게 하는
하나님의 능력입니다.

《박영선의 누가복음1》

# 02 FEBRUARY

月

# 01

日

자기 인생을 사십시오.

하나님이 펼치시는 삶 속으로 들어가십시오.

해설자가 되지 말고

직접 살아 내십시오.

《바울서신 다시 보는 사사기》

서로에게 공감하는 일이
우리 인생에 필요한 과정이라고
성경은 말합니다.

《미안해, 잘해 볼게!》

# 02 月

FEBRUARY

좋은 신앙이란

결국 하나님에게 얼마나 의지하는가의 문제입니다.

하나님에게 의지한다는 것은

하나님이 없으면

나는 아무것도 할 수 없다는 뜻입니다.

《믿음의 글들》

# 01 JANUARY

月

# 31

日

신앙 세계를 살펴보면

획일성보다 다양성이 신앙을 훨씬 풍성하게 담아냅니다.

교회는 그런 다양성을 서로 다르다며 차별하지 않고

조화롭게 하자고 합니다.

《미안해, 결혼 못 할게!》

사랑은 추상명사로 존재하지 않습니다.

한 인격과 현실 속에서

구체적으로 구현되어야 하는 것입니다.

# 01 JANUARY

月

# 30

日

우리의 필요에 대한 모든 답이
예수 안에만 있음을 확인합니다.

《박영선의 누가복음1》

신앙생활을 매일 할 수 없다는 것은
말이 되지 않습니다.
하나님은 매일 일하고 계십니다.

《박윤선의 다시 보는 오헌 북클럽》

# 01

# 29

교회는 사람들이 만들어 낸

단체나 조직이나 건물이 아니라

하나님에게 부름받은 자녀, 성도입니다.

바로 우리가 교회입니다.

《교회로 모이다》

# 12月

DECEMBER

# 01 JANUARY

## 月

# 28

## 日

하나님이 우리를 인도하여
목적하신 자리로 이끄신다는 약속보다
더 큰 위안과 자랑은 없습니다.

《그 은혜》

기도는 우리가 예수로 말미암아
하나님과 연합되어 있기에 가능한 것입니다.
예수 그리스도 덕분에 우리는 아무 때에나
하나님을 만날 수 있는 존재가 되었습니다.

《기도 없이 살던 날》

# 01 JANUARY

月

# 27

日

믿음은 하나님이 우리를 설득하시는 작업,

곧 하나님의 일하심을 가리킵니다.

신자는 누구든 하나님 앞에 설득당한 사람입니다.

《하나님의 일꾼》

믿음이란 굉장한 것입니다.

믿음은 방법과 능력과 조건이라는 차원에서 쓰는 것이 아니고

하나님과의 관계에서 쓰는 단어입니다.

《박용선의 다시 보는 사무엘서》

신앙이란

믿고 안 믿고 또는 잘 믿고 잘 못 믿고 하는 식의

이분법적 이해를 뛰어넘어

현실이라는 과정과 경험을 통해

성장하고 자라나는 것입니다.

《기독교란 무엇인가》

신앙은 자신의 존재가
하나님의 것으로 채워지는 것입니다.

《요한의 간증》

# 01 JANUARY

月

# 25

日

오늘을 살아라.

내일의 걱정을 없게 만드는 오늘은 없다.

오늘은 오늘의 일을 해라.

오늘의 고난을 감수해라.

《박영선의 다시 보는 로마서》

# 12
## DECEMBER

月

# 04

日

기도한다는 것은
내 인생과 존재와 역사의 주인이
하나님이라는 것을 믿는 행위입니다.

《박영선의 다시 보는 사도행전》

# 01 JANUARY

月

# 24

日

사랑은 보상을 원하지 않습니다.
사랑은 그 자체로 영광이기 때문입니다.

《박웅현의 다시 보는 힐트리서》

# 12

# 05

月

日

성령의 열매에는
능력과 권력에 관한 것이 없습니다.
전부 성품에 관한 것입니다.

《신앙의 요령》

하나님은 우리를 구원하기 위하여

강을 건너오시고

구정물에까지 손을 담그시는 분입니다.

《박영선의 호세아 설교》

# 12
## DECEMBER

月

# 06

日

사랑이란 기꺼이 희생하는 것입니다.

《박영선의 누가복음 2》

**01** JANUARY

**22**

月

日

사랑은 사랑하는 자의 만족이 아니라
사랑받는 대상의 완성을 위하여 있습니다.

《흔들어 보기도 하고
거꾸로 흘어 보기도 하고》

길이 막혀서 가지 못했던 것조차
나중에 보면 다 일을 합니다.
하나님이 일하시기 때문입니다.
반석에서 샘물이 나게 하시듯이 말입니다.

《씨 뿌리는 마음》

# 01 JANUARY

# 21

月

日

구원이란

영적 감각이 생긴 것을 말합니다.

《왕의 동산》

따뜻한 사람이 되십시오.

만나고 싶은 사람이 되십시오.

우리가 얼마나 정죄와 심판에 조급한지 돌아보십시오.

《박웅선의 용기 설교》

# 01

오랜 시일이 걸려야 하나님에게 맡기게 됩니다.

그렇다고 마음이 평안해지지는 않습니다.

늘 조마조마합니다.

그러나 믿음은 그렇게 해서 크는 것입니다.

《주의 말씀에 들러싸여》

하나님이 예수 안에서

실패 같고 잘못된 길 같고 말이 안 되는 것 같은 일을 통해

우리의 구원을 이루셨듯이

우리도 그런 안목으로

인생을 바라볼 수 있어야 합니다.

《믿음》

# 01

# 19

고난은 하나님이 우리로
완성의 자리에 이르게 하시는 하나님의 방법으로서
신적 지혜와 진정성이 담긴
그분의 구체적인 개입입니다.

《인생》

**12** DECEMBER

月

**10**

日

우리는 하나님의 뜻을 이루기 위해 필요한 존재가 아니라
우리 자신이 하나님의 목적입니다.

《인생》

우리가 가진 기독교 신앙을
자신이 공감하고 확인한 내용으로만
고정해 놓으면 안 됩니다.
하나님이 여전히 열어 가고 계시기 때문입니다.

《우남북》

하나님의 자녀라는 이름의 실존을 채워 가십시오.
예수 믿는 인격과 영혼의 위대함과 깊이를 만들어 내십시오.

《주의 말씀에 둘러싸여》

# 01

月

# 17

日

하나님은 당신의 명예를

욥이라는 한 인간에게 걸고 계셨습니다.

그의 한계와 변덕과 연약함에도 불구하고 말입니다.

《박영선의 욥기 설교》

하나님은 우리를 강제로 눌러서 무릎 꿇게 하지 않으시고

우리가 하나님과 동등한 관계에서 자발적으로 하나님에게 항복하는

그런 사랑을 받아 내겠다고 하십니다.

《하나님의 눈물》

# 01 JANUARY

月

# 16

日

예수님이 죽으신 목적은

우리로 당신의 가지가 되게 하여

풍성한 열매를 맺게 하시려는 데에 있습니다.

《마음을 드리는 기도》

지금 우리 눈에는

이해하기 어려운 방법으로 인도하실지라도

결국 우리에게 기쁨으로 노래하게 하실 하나님을

기억하고 의뢰하자.

《고 하 도기보 어 들들기》

# 01 JANUARY

## 15

月

日

예수 안에서 억울한 인생이란 없습니다.

《박영선의 누가복음 2》

하나님 앞에 구원을 요청해야 할 사람은 우리인데

가만 보면 하나님이 우리에게

구원을 비시는 것같이 보입니다.

사람에게 비시는 하나님입니다.

《박영선의 호세아 설교》

천국은 다만 피난처가 아니라
구원받은 성도라면 누구나 도달할
신앙적 성숙과 인간 존재의 위대함을 담은
궁극적 약속입니다.

《신앙의 요청》

태어나면서부터 어느 한순간도
하나님이 우리를 외면한 시간은 없습니다.
가장 비극적이고 가장 아닌 것 같은 일과
가장 지극한 복이 한자리에 공존합니다.

《박웅현의 다시 보는 히브리서》

# 01
## JANUARY

月

# 13

日

우리가 인생 속에서 갖는 가장 행복한 특권은

인생이라는 길을 예수님과 함께 여행한다는 것입니다.

《박영선의 다시 보는 사도행전》

# 12

# 16

月

日

서로 이웃이 되어 주십시오.

이웃에게 까다롭게 굴지 마십시오.

무엇이 옳은가에 대해 긴 설명을 늘어놓지 말고

그들의 고난에 동참해 주십시오.

《박용선의 다시 보는 동의사》

일단 하나님의 자녀가 되면
영원토록 하나님의 자녀입니다.
왜냐하면 하나님이 이 일에서
실패하거나 변개하지 않으시기 때문입니다.

《성화의 신비》

# 12 DECEMBER

月

# 17

日

우리는 하나님의 종으로서
예수님을 본받아 사람들에게 가서
그들과 하나가 되어야 합니다.
하나가 되어야 한다는 것은
그 사람들의 처지와 환경 속에
들어가야 한다는 말입니다.

《우리와 우리 자손들》

# 01

月

# 11

日

사람은 고난과 순종으로 위대해집니다.

고난과 순종이 하나님의 지혜이고 권능입니다.

《박윤선의 다시 보는 오한복음》

**12** DECEMBER

月

**18**

日

하나님의 임재는

하나님이 부재하시는 듯 보이는 현실과 정황 가운데서 드러납니다.

《하나님의 손길》

살면서 가장 많이 쌓아야 하는 신앙의 내용은
순간마다 하나님을 의지하는 것입니다.
하나님을 의지하는 표가 기도로 나타납니다.

《기도 수업 101》

신앙생활에서 우리가 자비를 베풀어야 하는 것은
하나님이 우리에게 요구하셨기 때문이고
예수 그리스도께서 그렇게 사셨기 때문입니다.

《그리스도인》

내 인생은 이게 뭔가, 이게 무슨 꼴인가,
이런 것만 물을 게 아니라
오히려 이렇게 스스로 물어보십시오.
이것이 예수 믿는 게 맞는가.

《박영선의 다시 보는 사무엘서》

그리스도와 교회의 연합은

의무감이 아닌 기쁨이 전제되어 있습니다.

《교회로 모이다》

# 01 JANUARY

月

# 08

日

믿음은 은혜이고 선물입니다.

《믿음의 보검》

우리의 존재가 죽음으로 끝나지 않고
실패가 실패로 끝나지 않는 은혜 속에 있다는 것을 안다면
우리는 견딜 수 있습니다.

《박영선의 누가복음1》

# 01 JANUARY

月

# 07

日

사사기를 읽으며 마음에 채워야 하는 것은

이스라엘에 대한 비난이 아닙니다.

인간의 한계와 죄의 무서움을 깨달아야 합니다.

《박운선의 다시 보는 사사기》

# 12

# 22

죽는 것이 아니라 사는 것이 최고의 내용입니다.

죽음만도 못한 것 같은 삶 속에서

하나님이 어떤 열매를 맺으시는지

지켜봐야 합니다.

《미안해, 잘해 줄게!》

하나님이 모든 인생의 신앙 여정을
기독교에서 출발하게 하지 않으시고
세상에서 출발하게 하신다는 사실을
기억해야 합니다.

《미안해, 집해 볼게!》

순종은
내가 가진 것을 드리는 싸움이 아니라
나를 드리는 싸움입니다.

《박웅현의 다시 보는 사사기》

예수의 오심은

우리의 절망과 포기와 체념과 무력 속에서도

하나님이 일하신다는 것을 말하고 있습니다.

《박영선의 누가복음1》

# 12 DECEMBER

月

# 24

日

좋은 신앙은
하나님이 우리의 모든 것이 된다는 것을
믿는 것입니다.

《믿음의 보감》

예수를 믿는 한 사람 한 사람이 모이면
그것이 교회입니다.

《교회로 모이다》

# 12

**DECECEMBER**

# 25

月

日

예수는 우리에게 법대로 집행하지 않으시고
우리를 당신의 자녀로 받으시며 용서하십니다.

《박영선의 다시 보는 사무엘서》

분명히 넘어서야 하는 각자의 문턱이 있습니다.

그 문턱을 넘기 위해

각자 마음에서 버려야 할 것들이 있습니다.

《그 후의 나날》

# 12

月

# 26

日

응답되지 않는 기도를 거쳐

오히려 하나님을 만나게 됩니다.

《박영선의 기도》

# 01 JANUARY

月

# 02

日

민음에는 결코 절망이 있을 수 없습니다.
구원은 우리가 성취한 것이 아니기 때문입니다.

《믿음의 보배》

각자의 인생을 사십시오.

일상의 많은 기회 속에서 예수 믿는 자의 넉넉함과

포용력과 기적이 작동하는 하루를

힘을 다해 만들어 보십시오.

《박영선의 다시 보는 로마서묵상》

# 01 JANUARY

月

# 01

日

하나님 나라는 이미 시작되었습니다.

《박요섭의 누가복음 2》

참된 신앙은

자신 안에서 절망을 확인하는 것입니다.

《성화의 산책》

# 01 月

JANUARY

**12** DECEMBER

**29**

月

日

아무것도 아닌 인생 같지만
그것이 위대한 신앙의 길입니다.

《박영선의 다시 보는 사도행전》

## 출전 도서 목록

# 12

# 30

月

日

신자에게 가장 큰 책임은 무엇입니까?

자기 인생을 감수하는 것입니다.

오해와 낙담과 비난과 불평과

의심과 불안과 두려움을

감수하는 것입니다.

《박영선의 누가복음 2》

## 서문

여호와 우리 주여 주의 이름이 온 땅에 어찌 그리 아름다운지요
주의 영광이 하늘을 덮었나이다 (시 8 : 1)


성육신을 통한 신의 자기 증명은 자신의 형상으로 지은 인류를 부모의 마음으로 기르며 가르쳐서 영광의 찬송이 되게 하겠다는 의지의 표현입니다. 예수의 성육신은 교회를 세우시고 그 교회의 머리가 되사 자신을 교회와 분리할 수 없는 존재로 실패할 수 없는 승리를 역사에 못 박아 놓은 것입니다. 예수의 생애와 사도들의 순교를 지나 주께서 하신 명령이요 축복으로서 우리의 삶은 그리스도를 안고 사는 성육신의 연장이자 만나는 모든 경우와 이웃 앞에 임마누엘의 연속인 것입니다. 세상의 반응과 폭력 앞에서 하나님의 자녀라는 신분과 지위, 명예와 운명을 증거하는 존재임을 매일의 삶에서 자랑하는 존재가 됩시다. 이렇게 오늘 하루가 하나님과 함께하는 기적과 찬송의 역사라는 것을 감사합시다.

2025년 박영선

**12** DECEMBER **31**

月 日

답이 없는 고난 속에서도
결국 하나님이 승리를 주실 것이라고
믿는 것이 신앙입니다.

《믿음으로 오세아니아》

## 박영선

'하나님께 열심'이라는 구호에 매진하던 시절, 박영선 목사는 '하나님의 열심'이라는 주제로 성경이 말하는 믿음의 본질에 천착해 왔다. 그가 믿음의 주체와 원동력을 신자가 아닌 하나님으로 선포한 것은 '하나님의 주권'만을 끈질기게 붙들어 온 결과이다.

젊은 시절, 율법 준수와 명분 강조가 전부였던 당시 설교 단상에서 그는 믿음과 성화와 은혜를 성경이 말하는 자리까지 파헤치기 시작했다. 초기 설교부터 지금까지 성경을 따라 하나님의 주권을 거침없이 추적하여 하나님의 열심과 일하심의 신비를 풀어내며, 이를 아는 신자의 명예와 자랑을 역설하고 있다.

현재 그는 약 40여 년간 몸담아 온 남포교회에서 설교 사역을 계속하고 있다. 대표 저서로는 《하나님의 열심》, 《박영선의 욥기 설교》, 《박영선의 기도》, 《인생》 등이 있다.

**일러두기**

《박영선 365 메시지》에 실린 문장들은 해당 책에서 그대로 인용했으나
필요한 경우 이해를 돕기 위해 더 자연스러운 표현으로 다듬었습니다.

---

박영선 365 메시지

2025년 8월 14일 초판 1쇄 인쇄
2025년 8월 28일 초판 1쇄 발행

**지은이** 박영선

**기획** 강선 **편집** 문선형, 정유진 **디자인** 잔 **경영지원** 함초아

**펴낸이** 최태준 **펴낸곳** 무근검

**주소** 서울특별시 송파구 올림픽로 4길 17 A동 301호

**홈페이지** lampbooks.com **이메일** book@lamp.or.kr **전화** 02-420-3155

**등록** 2014. 2. 21 제2014-000020호

ISBN 979-11-94142-21-8(00230)

우리 삶은 우리에게 맡겨진 영혼들과
동시대를 사는 현실 속에 묶여 있습니다.
그 속에서 예수 믿는 자의 명예와 영광이 무엇인지,
책임이 어떻게 작용하는지 알아야 합니다.

**《기독교란 무엇인가》**

# 365 MESSAGE

 박영선 365 메시지

박영선 지음